In celebration of:

 ————————————————

Happy Birthday to a guy who still isn't showing his age... or acting it!

～ Guests ～

Name: _____

Birthday Wishes: _____

_____

_____

_____

Name: _____

Birthday Wishes: _____

_____

_____

_____

Guests

Name: _____

Birthday Wishes: _____

_____

_____

_____

Name: _____

Birthday Wishes: _____

_____

_____

_____

Guests

Name: _____

Birthday Wishes: _____

_____

_____

_____

Name: _____

Birthday Wishes: _____

_____

_____

_____

Guests

Name: _____

Birthday Wishes: _____

_____

_____

_____

Name: _____

Birthday Wishes: _____

_____

_____

_____

~ Guests ~

Name: _____

Birthday Wishes: _____

_____

_____

_____

Name: _____

Birthday Wishes: _____

_____

_____

_____

~ Guests ~

Name: _____

Birthday Wishes: _____

_____

_____

_____

Name: _____

Birthday Wishes: _____

_____

_____

_____

~ Guests ~

Name: _____

Birthday Wishes: _____

_____

_____

_____

Name: _____

Birthday Wishes: _____

_____

_____

_____

Guests

Name: _____

Birthday Wishes: _____

_____

_____

_____

Name: _____

Birthday Wishes: _____

_____

_____

_____

Guests

Name: _____

Birthday Wishes: _____

_____

_____

_____

Name: _____

Birthday Wishes: _____

_____

_____

_____

~ Guests ~

Name: _____

Birthday Wishes: _____

_____

_____

_____

Name: _____

Birthday Wishes: _____

_____

_____

_____

Guests

Name: _____

Birthday Wishes: _____

_____

_____

_____

Name: _____

Birthday Wishes: _____

_____

_____

_____

~ Guests ~

Name: _____

Birthday Wishes: _____

_____

_____

_____

Name: _____

Birthday Wishes: _____

_____

_____

Guests

Name: _____

Birthday Wishes: _____

_____

_____

_____

Name: _____

Birthday Wishes: _____

_____

_____

_____

Guests

Name: _____

Birthday Wishes: _____

_____

_____

_____

Name: _____

Birthday Wishes: _____

_____

_____

_____

~ Guests ~

Name: _____

Birthday Wishes: _____

_____

_____

_____

Name: _____

Birthday Wishes: _____

_____

_____

_____

Guests

Name: _____

Birthday Wishes: _____

_____

_____

_____

Name: _____

Birthday Wishes: _____

_____

_____

_____

~ Guests ~

Name: _____

Birthday Wishes: _____

_____

_____

_____

Name: _____

Birthday Wishes: _____

_____

_____

_____

Guests

Name: _____

Birthday Wishes: _____

_____

_____

_____

Name: _____

Birthday Wishes: _____

_____

_____

_____

~ Guests ~

Name: _____

Birthday Wishes: _____

_____

_____

_____

Name: _____

Birthday Wishes: _____

_____

_____

_____

Guests

Name: _____

Birthday Wishes: _____

_____

_____

_____

Name: _____

Birthday Wishes: _____

_____

_____

_____

Guests

Name: _____

Birthday Wishes: _____

_____

_____

_____

Name: _____

Birthday Wishes: _____

_____

_____

_____

~ Guests ~

Name: _____

Birthday Wishes: _____

_____

_____

_____

Name: _____

Birthday Wishes: _____

_____

_____

Guests

Name: _____

Birthday Wishes: _____

_____

_____

_____

Name: _____

Birthday Wishes: _____

_____

_____

_____

Guests

Name: _____

Birthday Wishes: _____

_____

_____

_____

Name: _____

Birthday Wishes: _____

_____

_____

_____

Guests

Name: _____

Birthday Wishes: _____

_____

_____

_____

Name: _____

Birthday Wishes: _____

_____

_____

_____

Guests

Name: _____

Birthday Wishes: _____

_____

_____

_____

Name: _____

Birthday Wishes: _____

_____

_____

_____

~ Guests ~

Name: _____

Birthday Wishes: _____

_____

_____

_____

Name: _____

Birthday Wishes: _____

_____

_____

_____

Guests

Name: _____

Birthday Wishes: _____

_____

_____

_____

Name: _____

Birthday Wishes: _____

_____

_____

_____

Guests

Name: _____

Birthday Wishes: _____

_____

_____

_____

Name: _____

Birthday Wishes: _____

_____

_____

_____

Guests

Name: _____

Birthday Wishes: _____

_____

_____

_____

Name: _____

Birthday Wishes: _____

_____

_____

_____

~ Guests ~

Name: _____

Birthday Wishes: _____

_____

_____

_____

Name: _____

Birthday Wishes: _____

_____

_____

_____

Guests

Name: _____

Birthday Wishes: _____

_____

_____

_____

Name: _____

Birthday Wishes: _____

_____

_____

_____

~ Guests ~

Name: _____

Birthday Wishes: _____

_____

_____

_____

Name: _____

Birthday Wishes: _____

_____

_____

_____

Guests

Name: _____

Birthday Wishes: _____

_____

_____

_____

Name: _____

Birthday Wishes: _____

_____

_____

_____

Guests

Name: _____

Birthday Wishes: _____

_____

_____

_____

Name: _____

Birthday Wishes: _____

_____

_____

Guests

Name: _____

Birthday Wishes: _____

_____

_____

_____

Name: _____

Birthday Wishes: _____

_____

_____

_____

~ Guests ~

Name: _____

Birthday Wishes: _____

_____

_____

_____

Name: _____

Birthday Wishes: _____

_____

_____

_____

Guests

Name: _____

Birthday Wishes: _____

_____

_____

_____

Name: _____

Birthday Wishes: _____

_____

_____

~ Guests ~

Name: _____

Birthday Wishes: _____

_____

_____

_____

Name: _____

Birthday Wishes: _____

_____

_____

_____

Guests

Name: _____

Birthday Wishes: _____

_____

_____

_____

Name: _____

Birthday Wishes: _____

_____

_____

_____

Guests

Name: _____

Birthday Wishes: _____

_____

_____

_____

Name: _____

Birthday Wishes: _____

_____

_____

_____

Guests

Name: _____

Birthday Wishes: _____

_____

_____

_____

Name: _____

Birthday Wishes: _____

_____

_____

_____

Guests

Name: _____

Birthday Wishes: _____

_____

_____

_____

Name: _____

Birthday Wishes: _____

_____

_____

_____

Guests

Name: _____

Birthday Wishes: _____

_____

_____

_____

Name: _____

Birthday Wishes: _____

_____

_____

_____

~ Guests ~

Name: _____

Birthday Wishes: _____

_____

_____

_____

Name: _____

Birthday Wishes: _____

_____

_____

_____

Guests

Name: _____

Birthday Wishes: _____

_____

_____

_____

Name: _____

Birthday Wishes: _____

_____

_____

_____

～ Guests ～

Name: _____

Birthday Wishes: _____

_____

_____

_____

Name: _____

Birthday Wishes: _____

_____

_____

_____

~ Guests ~

Name: _____

Birthday Wishes: _____

_____

_____

_____

Name: _____

Birthday Wishes: _____

_____

_____

_____

~ Guests ~

Name: _____

Birthday Wishes: _____

_____

_____

_____

Name: _____

Birthday Wishes: _____

_____

_____

_____

Guests

Name: _____

Birthday Wishes: _____

_____

_____

_____

Name: _____

Birthday Wishes: _____

_____

_____

_____

~ Guests ~

Name: _____

Birthday Wishes: _____

_____

_____

_____

Name: _____

Birthday Wishes: _____

_____

_____

_____

Guests

Name: _____

Birthday Wishes: _____

_____

_____

_____

Name: _____

Birthday Wishes: _____

_____

_____

_____

～ Guests ～

Name: _____

Birthday Wishes: _____

_____

_____

_____

Name: _____

Birthday Wishes: _____

_____

_____

_____

Guests

Name: _____

Birthday Wishes: _____

_____

_____

_____

Name: _____

Birthday Wishes: _____

_____

_____

_____

～ Guests ～

Name: _____

Birthday Wishes: _____

_____

_____

_____

Name: _____

Birthday Wishes: _____

_____

_____

_____

Guests

Name: _____

Birthday Wishes: _____

_____

_____

_____

Name: _____

Birthday Wishes: _____

_____

_____

_____

Guests

Name: _____

Birthday Wishes: _____

_____

_____

_____

Name: _____

Birthday Wishes: _____

_____

_____

_____

~ Guests ~

Name: _____

Birthday Wishes: _____

_____

_____

_____

Name: _____

Birthday Wishes: _____

_____

_____

~ Guests ~

Name: _____

Birthday Wishes: _____

_____

_____

_____

Name: _____

Birthday Wishes: _____

_____

_____

_____

Guests

Name: _____

Birthday Wishes: _____

_____

_____

_____

Name: _____

Birthday Wishes: _____

_____

_____

_____

~ Guests ~

Name: _____

Birthday Wishes: _____

_____

_____

_____

Name: _____

Birthday Wishes: _____

_____

_____

_____

Guests

Name: _____

Birthday Wishes: _____

_____

_____

_____

Name: _____

Birthday Wishes: _____

_____

_____

_____

Guests

Name: _____

Birthday Wishes: _____

_____

_____

_____

Name: _____

Birthday Wishes: _____

_____

_____

_____

Guests

Name: _____

Birthday Wishes: _____

_____

_____

_____

Name: _____

Birthday Wishes: _____

_____

_____

_____

~ Guests ~

Name: _____

Birthday Wishes: _____

_____

_____

_____

Name: _____

Birthday Wishes: _____

_____

_____

_____

Guests

Name: _____

Birthday Wishes: _____

_____

_____

_____

Name: _____

Birthday Wishes: _____

_____

_____

_____

~ Guests ~

Name: _____

Birthday Wishes: _____

_____

_____

_____

Name: _____

Birthday Wishes: _____

_____

_____

_____

Guests

Name: _____

Birthday Wishes: _____

_____

_____

_____

Name: _____

Birthday Wishes: _____

_____

_____

~ Guests ~

Name: _____

Birthday Wishes: _____

_____

_____

_____

Name: _____

Birthday Wishes: _____

_____

_____

_____

Guests

Name: _____

Birthday Wishes: _____

_____

_____

_____

Name: _____

Birthday Wishes: _____

_____

_____

_____

~ Guests ~

Name: _____

Birthday Wishes: _____

_____

_____

_____

Name: _____

Birthday Wishes: _____

_____

_____

_____

Guests

Name: _____

Birthday Wishes: _____

_____

_____

_____

Name: _____

Birthday Wishes: _____

_____

_____

_____

Guests

Name: _____

Birthday Wishes: _____

_____

_____

_____

Name: _____

Birthday Wishes: _____

_____

_____

_____

Guests

Name: _____

Birthday Wishes: _____

_____

_____

_____

Name: _____

Birthday Wishes: _____

_____

_____

_____

~ Guests ~

Name: _____

Birthday Wishes: _____

_____

_____

_____

Name: _____

Birthday Wishes: _____

_____

_____

_____

~ Guests ~

Name: _____

Birthday Wishes: _____

_____

_____

_____

Name: _____

Birthday Wishes: _____

_____

_____

_____

~ Guests ~

Name: _____

Birthday Wishes: _____

_____

_____

_____

Name: _____

Birthday Wishes: _____

_____

_____

_____

~ Guests ~

Name: _____

Birthday Wishes: _____

_____

_____

_____

Name: _____

Birthday Wishes: _____

_____

_____

_____

Guests

Name: _____

Birthday Wishes: _____

_____

_____

_____

Name: _____

Birthday Wishes: _____

_____

_____

_____

Guests

Name: _____

Birthday Wishes: _____

_____

_____

_____

Name: _____

Birthday Wishes: _____

_____

_____

_____

Gift Log

Gift Recieved

Given by

Gift Log

Gift Recieved

Given by

_____   _____

_____   _____

_____   _____

_____   _____

_____   _____

_____   _____

_____   _____

_____   _____

_____   _____

_____   _____

Gift Log

Gift Recieved	Given by
_____	_____
_____	_____
_____	_____
_____	_____
_____	_____
_____	_____
_____	_____
_____	_____
_____	_____
_____	_____
_____	_____

Gift Log

Gift Recieved

Given by

_____   _____

_____   _____

_____   _____

_____   _____

_____   _____

_____   _____

_____   _____

_____   _____

_____   _____

_____   _____

Gift Log

Gift Recieved

Given by

_____   _____

_____   _____

_____   _____

_____   _____

_____   _____

_____   _____

_____   _____

_____   _____

_____   _____

_____   _____

Made in the USA
Middletown, DE
13 June 2023

32515388R00061